J'AI PEINE À CROIRE QUE J'AURAI 16 ANS. QU'AI-JE FAIT DE TOUTES CES ANNÉES?

TAP TAP TAP

JE PENSE QUE JE VIENS DE ME DÉPRIMER!

6·13

ALLONS, GARFIELD! RESSAISIS-TOI! ÇA N'EST QU'UN AUTRE ANNIVERSAIRE!

CAR ENFIN, VIEILLIR, C'EST UNE NOTION DE L'ESPRIT...

BIEN ENTENDU!

PUISQUE C'EST L'ESPRIT QUI S'ENVOLE EN PREMIER!

VOICI DU COURRIER, GARFIELD!

POUR MOI?!

ELLE VIENT DE MAMAN

GENTIL DE SA PART!

ELLE M'A CROCHETÉ UNE CARTE D'ANNIVERSAIRE!

Garfield

ALBUM GARFIELD **#7**

PRESSES AVENTURE

Publié par **Presses Aventure,** une division de
Les Publications Modus Vivendi inc.
55, rue Jean-Talon Ouest, 2ᵉ étage,
Montréal, Québec
Canada
H2R 2W8

Conception de la couverture : Marc Alain
Infographie : Modus Vivendi
Version française : Jean-Robert Saucyer

Dépôt légal, 1ᵉʳ trimestre 2005
Bibliothèque nationale du Québec
Bibliothèque nationale du Canada

ISBN : 2-89543-226-0

Nous reconnaissons le soutien financier du gouvernement du Canada par
l'entremise du Programme d'aide au développement de l'industrie de l'édition
(PADIÉ) pour nos activités d'édition.

Gouvernement du Québec – Programme de crédit d'impôt pour l'édition de
livres – Gestion SODEC

Imprimé en Chine

QU'AIMERAIS-TU RECEVOIR EN GUISE DE CADEAU D'ANNIVERSAIRE?

UNE ARMÉE DE CHIENS ESCLAVES!

POUR TES 16 ANS, IL FAUT UN CADEAU PARTICULIER...

LA DOMINATION MONDIALE!

QUE DIRAIS-TU D'UNE PIZZA GARNIE AVEC ANCHOIS EN EXTRA?

BONNE IDÉE!

GARFIELD ACCEPTE MAL DE VIEILLIR...

Z

C'EST DONC VRAI! JE DEVIENS VIEUX! JE DEVIENS CHAUVE!

OH! NON! TU RECOMMENCES À MUER!

OH!... FAUSSE ALERTE!

ALLEZ, GARFIELD! RENDS-LE-MOI!

PFFT

SPLAT!

ALLEZ! AU COMPLET!

PFFT

FLAP FLAP FLAP

JIM DAVIS 6-26

VOILÀ LE COURRIER!

EN VOILÀ ENCORE ET ENCORE ET...

J'ADORE LE JARDINAGE, GARFIELD!

VOIR LA VIE GERMER DU SOL...

QUEL SPECTACLE!

J'AI BOUFFÉ TES SEMENCES!

IL PLEUT ET JE DOIS SORTIR...

VOICI TON PARAPLUIE, JON!

ET VOICI LES TROUS QUE J'Y AI DÉCOUPÉS!

LA LAMPE DU FRIGO NE FONCTIONNE PLUS...

CETTE CHOSE MINUSCULE N'ÉCLAIRAIT PAS SUFFISAMMENT!

...MIEUX!

UNE COLLATION AVANT LE DODO!

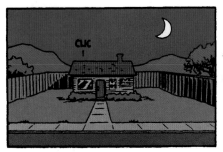

CLIC

GAR-FIELD!

OH LÀ LÀ! ON S'AFFAIRE, À CE QUE JE VOIS!

C'EST JUSTE!

JE COLLECTIONNE LES REMARQUES SARCASTIQUES!

JIM DAVIS 7-11

VOILÀ LE FACTEUR!

AÏEEEEEEEE!

QUEL ÉTAIT CE CRI?

IL SE PEUT QU'UN GROS INSECTE CARNIVORE SE SOIT TROUVÉ DANS LA BOÎTE À LETTRES... SIMPLE SUPPOSITION, BIEN SÛR...

JIM DAVIS 7-12

JE VAIS AU SUPERMARCHÉ. Y A-T-IL QUELQUE CHOSE QUE TU NE VEUX PAS?

EUH... NON!

MERCI QUAND MÊME!

JIM DAVIS 7-13

WHAM!

PIC

POURQUOI L'AI-JE PROVOQUÉE?

ME VOICI PRISONNIER D'UNE PELOTE DE LAINE!

LE FILM DE MA VIE A DÉFILÉ DEVANT MOI...

ON AURAIT DIT UNE PUB DE MATELAS!

CE LIVRE TRAITE DES CIVILISATIONS ANTIQUES...

SAIS-TU COMMENT ILS ACHEVAIENT LEURS ENNEMIS?

OUAIS, EN LEUR DONNANT UNE PELOTE DE LAINE!

IL Y A LE CAFÉ ORDINAIRE...

BLUP

BONG!

FLAP! FLAP! FLAP! FLAP!

WHIRRRRRRR

PUIS IL Y A LE CAFÉ-RESTÉ-AU-FOND-DE-LA-CAFETIÈRE-BRANCHÉE-24-HEURES!

GARFIELD S'EST LEVÉ DE TABLE AU MILIEU DU REPAS!

LA COLLATION!

À COURT DE CHIFFONS POUR L'ÉPOUSSETAGE?

JE PRENDS MA VESTE ET JE SUIS PRÊT POUR LA VISITE CHEZ LE VÉTÉRINAIRE!

D'ACCORD!

TU LE SALUERAS DE MA PART!

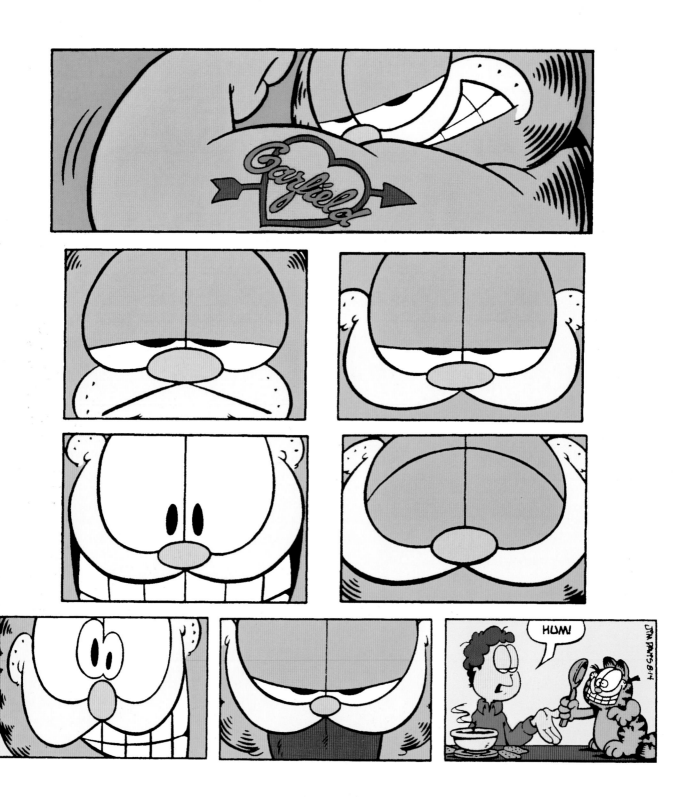

AïïïEEEEE!!!

JE TE METS AU RÉGIME, GARFIELD!

AAAAAAHHH!!

C'EST INJUSTE!

AÏE! EUF! OUF! OUILLE!

QUI VAS-TU CROIRE? MOI OU CETTE SATANÉE BALANCE PARLANTE?

JIM DAVIS 8-15

VOUS SAVEZ, IL Y A "GROS"...

ET PUIS "GROS-GRAS"!

DANS QUELLE CATÉGORIE SUIS-JE?

" GROS-GRAS   GROS-GRAS
GROS-GRAS   -GRAS
GROS-GRA   -GRAS
GROS-GRA   -GRAS
GROS-GRA   -GRAS
GROS-GRA   -GRAS
GROS-GRAS   -GRAS
GROS-GRAS   -GRAS
GROS-GRAS   -GRAS
GROS-GRAS   -GRAS "

JIM DAVIS 8-16

SUPER!

J'AI PERDU DU POIDS!

ET JE L'AI RÉCUPÉRÉ!

SI SEULEMENT C'ÉTAIT UNE PLAISANTERIE!

JIM DAVIS   B-17

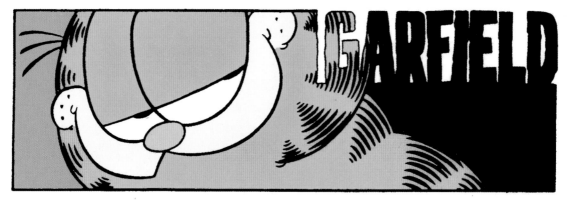

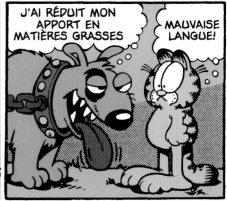

J'AI DES BONBONS

Les médecins sont d'avis qu'il ne faut pas...

CLIC

Des études révèlent la difficulté de...

CLIC

Voici un hommage au lard fumé!

LÀ, TU PARLES!

JE PARIE QUE TU NE TROUVERAS PLUS ODIE!

QUE FAIS-TU AVEC CETTE PELLE?

TSS-TSS! AUCUN INDICE!

MANGE VITE CETTE GLACE AVANT QU'ELLE NE FONDE!

LA GLACE AU CHOCOLAT PEUT FONDRE?!

JIM DAVIS 9-19

JIM DAVIS 9-20

MIAOU!

BONG!

VEUILLEZ EXCUSER MES GROS MOTS!

LE GRAND LION AFFAMÉ EST PRÊT À BONDIR

UN SOURIRE CRUEL DÉCOUVRE SES CROCS VORACES

GARFIELD, TU RESSEMBLES À UN MORSE FOU

IL GUETTE SA PREMIÈRE PROIE...

JIM DAVIS 9-21

POUF!

AH! QUELLE BELLE JOURNÉE!

SNIFFFF

BERK! BERK! BERK! HEU! HEU! HEU! OUILLE! OUILLE! POUAH!

IL VIENT D'INHALER UN PAPILLON MONARQUE!

ESSAIE DE NE PAS ME CAUSER D'EMBÊTEMENT AUJOURD'HUI

J'EN PRENDS BONNE NOTE!

COMMENT ÉPELLE-T-ON "EMBÊTEMENT"?

JE FAIS UN ALLER ET RETOUR À L'ÉPICERIE. À TANTÔT!

VLAN!

OUILLE!

DÉTESTABLES, CES SIÈGES CHAUFFANTS!

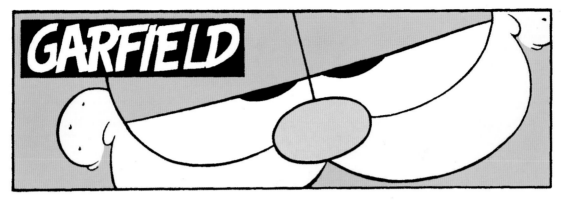

"LES BEIGNES SONT UN ALIMENT COMPLET", DÉCLARE UN MÉDECIN

C'EST LE PLUS OBÈSE DES MÉDECINS QUE J'AIE VUS!

SANS COMPTER QUE C'EST LE PLUS SOURIANT!

GARFIELD, JE NE VEUX PAS T'OFFUSQUER...

MAIS TU DEVIENS GRAS COMME UN PORC!

J'ESPÈRE QUE TU NE T'OFFUSQUERAS PAS...

ET J'ESPÈRE AUSSI QUE TU NE T'OFFUSQUERAS PAS!

IL Y A TANT À APPRENDRE SUR L'ART DE FAIRE L'IMBÉCILE!

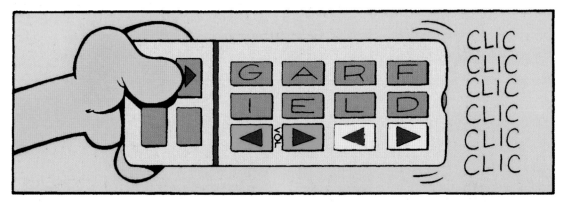

HELLO MONSIEUR FANTOCHE!

COMMENT ALLEZ-VOUS, MONSIEUR FANTOCHE? SERRONS-NOUS LA...

BEURK!

MONSIEUR FANTOCHE TE TIRE LA LANGUE!

TCHIC

QUE FAITES-VOUS LORSQU'ILS INVENTENT DES TRUCS QUI NE FIGURENT PAS AU MANUEL D'INSTRUCTIONS?

REGARDE! ODIE ET MOI NOUS AMUSONS À FAIRE DES GRIMACES

SI VOUS CONTINUEZ, VOUS RESTEREZ DÉFIGURÉS!

À QUI LE DIS-TU?!

J'AI FAIT LE TOUR DU MONDE!

N'ÉTAIS-TU PAS DANS LE GARDE-MANGER?

LE TOUR DE MON MONDE!

J'ADORE LA COMÉDIE!

LANCER UNE TARTE AU VISAGE DE QUELQU'UN N'EST PAS DRÔLE!

OH!

J'ADORE LE DRAME!

IMPOSSIBLE DE NE PAS ÊTRE GAI EN PRÉSENCE D'ODIE!

AUSSI, JE M'EN VAIS!

RRRRRRRRRRRR

QUE FAIS-TU LÀ, GARFIELD?

JE SUPPRIME L'INTERMÉDIAIRE!

JON A DÉCIDÉ D'AGIR...

IL A LU QUE LES FEMMES NE RÉSISTENT PAS AUX HOMMES QUI PORTENT UN CHAPEAU

SACHEZ MA CHÈRE QUE TOUTES NE SONT PAS INSENSIBLES AU CACHE-OREILLES!

LA CONNAISSANCE EST UNE ARME REDOUTABLE!

UN PEU D'EXERCICE!

VIVEMENT NE RIEN FAIRE!

GLOU
GLOU
GLOU
GLOU

ODIE! NE BOIS PAS
DANS MON VERRE!

GARFIELD! NE TOUCHE
PAS À MON ASSIETTE!

CESSE DE LÉCHER
MA CÔTELETTE!

JIM DAVIS 11-13

BLUP
BLUP CRIC CROC

PLOUP!
PLOUP!
PLOUP!

HA!

ESSAIES-TU
DE NOUS
COUPER
L'APPÉTIT?

SAIS-TU DE QUOI NOUS AURIONS GRAND BESOIN?

DE NOUS PAYER DU VRAI BON TEMPS!

POUR CELA, FAUDRAIT-IL NOUS LEVER?

JIM DAVIS 11-14

JE SUIS PRESQUE COMPLÈTEMENT BLASÉ

MA PATTE SE PAYE DU BON TEMPS!

JIM DAVIS 11-15

N'AS-TU PAS LE SENTIMENT D'ÊTRE PASSÉ À CÔTÉ D'UN TAS DE CHOSES?

OH QUE SI!

EST-CE GRAVE?

JIM DAVIS 11-16

BOF...

JE ME SATISFAIS DE L'À-PEU-PRÈS.

NE VA PAS CROIRE QUE JE NE SUIS PAS RECONNAISSANT!

PLOUP!

PLOUP!

AH! LE VENDREDI SOIR!

ON DIRAIT QUE J'AI ENCORE GAGNÉ, GARFIELD!

BRAVO!

VIVE LE LANCER DE SARDINES!

EST-CE TOI OU CET ENDROIT QUI EST ENNUYEUX?

CRIC
CRIC
CRIC

JIM DAViS 11-20

MON NOUVEAU POIS-SON EST EXOTIQUE

MENACÉ, IL PEUT SE DILATER POUR ATTEINDRE 50 FOIS SA TAILLE NORMALE

JIM DAVIS 11-24

À QUI LE DIS-TU?

UN AUTRE POISSON DISPARU!

SONGE À L'ARGENT QUE J'AI DÉPENSÉ EN POISSONS ROUGES!

VRAIMENT?

TU AURAIS PU ÉCONOMISER ET M'ACHETER UNE TRUITE!

JIM DAVIS 11-25

TU ES BEAUCOUP TROP GROS...

À MOINS QUE TU NE SOIS UN ÉLÉPHANT!

JIM DAVIS 11-26

BIGRE! JON S'IMAGINE QUE JE SUIS UN ÉLÉPHANT!

GARFIELD®

HOUP!

MIAM!

JIM DAVIS 11-27

L'émission qui suit contient des scènes susceptibles de déplaire aux chats

wouf!

JE N'AURAIS JAMAIS CRU VOIR ÇA À LA TÉLÉ!

CLIC

JIM DAVIS 12-1

PAF!

HÉ! TU NE DEVRAIS PAS AIMER CELA!

JIM DAVIS 12-2

TOUT VIENT À POINT À QUI SAIT ATTENDRE!

JIM DAVIS 12-3

MOI, J'ESTIME QUE PIQUER ET M'ENFUIR M'ÉPARGNE DES HEURES D'ATTENTE!

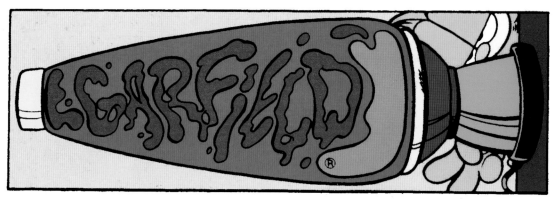

UNE ESPÈCE DE POURCEAU FAINÉANT, DÉGEU, VAURIEN...

GOINFRE, PATAPOUF, PETITE TÊTE ET GROSSE BEDAINE...

A VOLÉ MON DÎNER!

JE CAPTE UNE CERTAINE TENSION NON LOIN

WOUF! WOUF! GRR! GRR! GRR! OUAH! OUAH! OUAH! GRR! GRR! GRR! GRR! WOUF!

GARE AU CHIEN

WOUF!

WOUF! WOUF! OUAH! OUAH! OUAH! WOUF!

GRR! GRR! GRR!

EFFACE EFFACE EFFACE

CE GÂTEAU EST LÉGER COMME UN NUAGE

J'AI MANGÉ LE GÂTEAU SANS LA GLACE!

L'HIVER EST À NOS PORTES

N'OUVRE PAS!

DEUX CHOSES DONT ON DOIT TENIR COMPTE AVANT D'ACHETER UN SAPIN DE NOËL...

PRIMO : LES AIGUILLES DOIVENT ÊTRE SOUPLES ET LUSTRÉES...

SECUNDO : LE PLAFOND N'EST JAMAIS AUSSI HAUT QU'ON LE CROIT!

GARFIELD!

RÉPARTIS-LES MIEUX QUE ÇA!

BEL EFFORT, LES GARS!

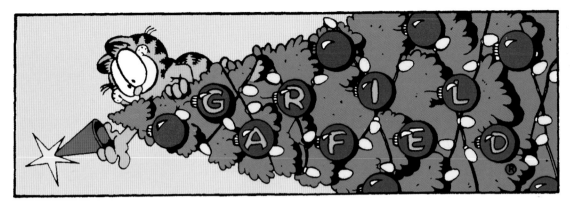

NOËL EST PASSÉ!

CHANGEONS DE TENUE POUR LA CIRCONSTANCE

JIM DAVIS 12-26

LE PULL QUE MAMAN A TRICOTÉ TE VA À RAVIR, GARFIELD!

QU'EST-CE QUE ÇA CACHE?

LA COUPE EST SUPERBE!

ÇA DOIT CACHER QUELQUE CHOSE

EN PURE LAINE DE VACHE!

IL FAUT QUE ÇA CACHE QUELQUE CHOSE!

JIM DAVIS 12-27

CETTE ANNÉE, JE M'ENGAGE À AVOIR DU POIL SUR LE TORSE!

HUM!

C'EST DE LA PELUCHE!

JIM DAVIS 12-28

DEBOUT GARFIELD!

ALLEZ! PAS DE TEMPS À PERDRE!

JIM DAVIS 1-1-95

UNE NOUVELLE ANNÉE DÉBUTE, MON VIEUX, UN NOUVEAU DÉPART!

UN MONDE NOUVEAU S'OFFRE À NOUS, PORTEUR DE NOUVEAUX DÉFIS!

ALLEZ, C'EST REPARTI!

À L'AVENTURE!

NOUVEL AN, NOUVEAU DÉPART, NOUVEAUX DÉFIS, MÊME VIEUX JON!

OUF!

DE TOUTE ÉVIDENCE, CE CHAPEAU N'EST PAS LE MIEN!

JIM DAVIS 1-5-95

?

TOUS MES PULLS ONT DISPARU!

ENFIN, AU CHAUD!

JIM DAVIS 1-6-95

ESTIMES-TU QUE JE SUIS DRÔLE?

HA! HA! HA! HA! HA! HA!

NAVRÉ! JE CROYAIS QUE TU PLAISANTAIS!

JIM DAVIS 1-7-95